우주 삼라만상을
내 안에 가두어
시의 소재로 삼을 수 있다는 것,
그것은 하늘에서 뚝 떨어진 행운이다

김 현 희 시집

어둠이 말 걸다

지식과사람들

▌시인의 말

우주 삼라만상을
내 안에 가두어
시의 소재로 삼을 수 있다는 것
그것은 하늘에서 뚝 떨어진 행운이다

나뭇잎들이 말라 떨어져도
가을은 풍성하듯
간단없이 흐르는 시간도
쓸쓸히 구르는 낙엽도
언어로 그림을 그리는 시인에게는
풍성한 계절이다

시선이 머무는 곳에 숨겨져 있는 보석,
하나쯤은 건져 올려야 하는 게 책무인 것처럼
그 빛깔들과 하나 되었던 많은 시간을 모아
언어로 그려낸 마음을 펼쳐 놓는다

2017년 11월에
은하 **김 현 희**

김현희 시집 / 어둠이 말 걸다 / 차례

1부 어둠이 말 걸다

2부 그대 잠 든 후에

3부 내 인생의 가을날에

1부

어둠이 말 걸다

여보세요
왜 그렇게 일찍 일어나
장승처럼 서 있느냐고

그대의 향기

강바람이
불어옵니다
강바람 속에
그대의 향기 가득 합니다
나는 강바람에 취해
그대가 되고 맙니다

옥수수

삶은 껍데기가 아닌 알맹이다
어떤 모습으로 치장해도
내용 없는 삶이란
별 하나 없는 그믐 밤하늘

긴 수염 늘어뜨리기까지
맞닥뜨려야 했던 뙤약볕의 눈총을
견디며 알알이 여물었을
수행의 순간들

서로를 지켜내느라
오뉴월 무더위
바람 한 점 시날 듬노 내주지 않는다

너의 몽타주를 그리며

태양과 달의 거리에서
맨발로 달려와 족적을 남기고
퇴화되어버린 양 날개 틈새에
꽃무늬 지문을 찍어
하냥 향기 풍기는
네 날개엔 어떤 지문을 찍어줄까

언어는 잃어버린 지 오래
올여름엔 사무친 신념을
이마에 새기고
날개의 틈새마다 찍힌
너의 지문에 눈물방울 굵어지는
아,
눈앞이 흐려지는 얼룩은
누가 떨구었는가

저마다 별을 그리며
말달리는 초원을 향하면서도
파도치는 바다를 향하면서도

너는 말잡이가 되어줘
너는 방파제가 되어줘

나는 촘촘한 그물이 되어 줄게

소통 2

빈 벽에 걸려 있는 나를 보는 건
그리 즐거운 일은 아니다
빈 벽엔 못이 박혀
유명화가의 그림액자 하나쯤
가족사진 하나쯤
그리고
입던 옷 대충 벗어 하나쯤
걸려 있을 만도 하건만
먼지 낀 빈 벽지 위에
멍한 표정의 내가 걸려
바짝 붙어 있다
나 이전에 누가 걸려 있었는지 알 수 없고
내가 빈 벽에 대롱거린다는 것을
아는 사람 아무도 없다
빛이 들지 않고 바람 스치지 않는
골방의 빈 벽을 들여다 볼 사람
또한 아무도 없다
나 아닌 누군가가 스스로
벽이 되어 나의 손을 잡아준다면

나는 웃음을 보이며
마음의 상자 활짝 열 것인데.

고마움에 관하여

땅 위에 서서
땅 위를 걸으면서
그 땅의 고마움을
생각해 본 적 있는가
철지난 버찌가 길가에 나뒹굴어도
조용히 품어 안는
땅의 너그러움을
한 번도 생각해 본 적 없다면
오늘 한 번 걸어 보아라
말없이 다 받아주는
고마운 것들을 생각하며

두물머리 풍경

이른 새벽
차를 달려
남한강과 북한강
물이
뜨겁게 어우러진
풍경 속에
무채색의
나를 그려 넣었다

균형

동물성 지방을 섭취한 날
나는 야생의 여자가 되어
식물성 향기를 찾으러
들로 나간다
산을 오른다

식물성 숲에는
각가지 동물성 지방들이
합치하기도 하고
피를 흘리기도 한다

야생의 숲에선
식물성 향기만 나는 게 아니다
야생의 여자
야생의 남자가
들을 이루고 산을 이룬다

아귀가 딱 맞아 떨어진다

어둠이 말 걸다

여보세요

왜 그렇게 일찍 일어나
장승처럼 서 있느냐고

어두운 시간엔
마음을 뉘이고
편히 쉬어보라고

어둠이 계속 참견을 한다

그 여자의 일생

얼굴에 꽃이 핀다는 나이부터
여자는 인생 대부분을 큰아버지의
작은 각시로 불렸다

서로의 가슴이 뜨거워
서로 불을 지폈을 것인데도
남자를 홀려 뜨거운 불구덩이에
처넣었다는 수군거림만 나돌았다
여자가 대처할 방법은
피 한 방울 나누지 못한
남자의 자식들을 가슴으로
품는 것이었다
바다 가운데 침몰하는 한 점의
섬으로 멀어져간
사랑이 죄였던 여자
찬바람 휭휭 몰아칠 때도
맨발로 뛰어나와 마중하던
가슴 뜨거웠던 여자

내 생애 가장 짧은 기록일지라도

한순간을
영원처럼 추억하고 싶은
그 순간의
화석이 되고 싶다

게들은 다 어디로 갔을까

검푸르게 출렁이던 바다가
두려워 아주 사소한 거짓말까지
실토하며 진실하게 살겠다고
마음을 다잡았던 기억이 새롭다

그날의 바다는 어디로 가고
게들의 발자국마저 뜸해진
황량한 뻘바탕
지난날의 풍요로움은 오간 데 없다

바다 가운데 솟아있는 도깨비 섬은
지금도 닿을 수 없는
꿈의 섬

홀딱 벗은 모습으로 맞아준
고향 바다의 앓는 소리
자식에게 다 내어준 어머니의 모습이다

*도깨비섬: 고향 앞바다의 무인도

깎아내야 하는 것

손톱을 깎았다
손톱뿐 아니라
교만해지려는 마음까지 깎았다

그대 둥근 햇덩이여라

오직 하나라는 말
그대를 만나기 전엔
알지 못했습니다

그대를 만나고 나서
나 아닌 누군가를
사랑할 줄도 알게 되었습니다

나 아닌 누군가의
겉모습이 아닌 마음을
들여다볼 줄도 알게 되었습니다

마음 깊은 곳에
아름다움의 씨앗이
움트는 것을 눈여겨볼 줄도 알게 되었습니다

오직 하나인 사람
오직 하나인 사랑
그대를 만나 참으로 많은 것을 알았습니다

가을 산책길에서

가을이 서러워 떠도는 들녘에
수천 년 전 불었던 바람이 일고
꽃, 바람 사모의 노래
척박한 가슴에도 그리움이 싹튼다

안양천 도로 가
지천으로 피어난 들꽃 향기
사방으로 흩날리는데
그대 모습 간 곳 없고
두 바퀴가 지핀 바람만 쌩쌩하다

그대가 꽃이라면

그대가 꽃이라면
어떤 꽃말을 간직한
꽃이고 싶은가요

그대가 꽃이라면
어떤 빛깔로 빛나는
꽃이고 싶은가요

그대가 꽃이라면
어떤 향기를 품은
꽃이고 싶은가요

그대가 꽃이라면
어느 창가에 피는
꽃이고 싶은가요

그대
누구의
꽃이고 싶긴 한 건가요

그대가 꽃이라면
한 아름 가득
안을 수 있을 텐데

가을날의 연서는

그리움을 닮은
가을 심장의 여백에
긴 연서를 쓴다

가을을 앓는 사연은
쏙 빼고

곱게 물든 단풍과
한 잎, 두 잎
떨어지는 마른 잎들과
눈부신 가을 햇살을
곱게 그려 넣는다

그리고
그 모든 것을
사랑한다고 쓴다.

살그머니

사랑은 그렇지요
혼자 하는 것보다는 둘이 마주 보고
하는 것이 좋지요
서로 눈빛을 주고 받아보세요

격렬한 사랑을 말하기도 하는데
늘 뜨거울 수는 없지요
부서지거나 주저앉을 수도 있지요

나무 그늘처럼 다가가요
살그머니 다가가다 맞닿은 사랑
살그머니에 살그머니를 포개요

그대 그리운 날

그대 그리워하다
하루해 다 보냈습니다
그대 그리워하다
남몰래 눈물 뚝뚝 흘렸습니다
그래도
그대만 생각하면
행복합니다

먼 훗날
그대와 나
꼬깃꼬깃한 추억 되새기면
지나버린 세월의
돌이킬 수 없는 풍경 속에 빠져
행복하기만 할 것입니다

그대 그리움 가득한 날
햇살은 더욱 빛나
잔뜩 물오른 연초록 잎새들도
조잘조잘 봄날을 노래합니다

그대 그리움 가득한 날은
아롱지는 아지랑이 품속으로
숨어들고 싶습니다

오후 3시

드라마 작가들은 시청자들의
입맛에 맞는 스토리를 작성하기 위해서
머리를 쥐어짜지만
우리는 매일매일 드라마의
주인공으로 산다
드라마 작가처럼 머리를 쥐어짜지
않아도 되고 만들어진 스토리 따라
움직이기 위해 대본을 달달 외우는
배우처럼 살지 않아도 된다
우리는

어제 우리가 어떤 스토리의 드라마를
남겼건 시청률 신경 안 써도 된다
오늘 새벽 눈을 떠 다시금 우린
지극히 현실적 드라마로 살면 된다
내가 만나는 모든 사람들은
내 드라마의 주인공이다
내 드라마엔 모두가 주인공
조연이나 단역은 없다

오늘은 야외촬영이 있는 특별한 날이다
대본 없이도 생성되는 오늘의
드라마가 무척 기대된다

양말

네가 아니었던들
나는
어떻게 바깥세상을
활보할 수 있었을까
내 인생의 치부는 모조리
발등으로 향하여
나는 단 한 번도
맨발을 드러내지 않았다

솥

불 받침대 위에 올려져
뜨거운 희생을 강요당하고
제 몸 시커멓게 멍이 들다
숯검정이가 되어도
뜨거운 눈물 감추며
원망 한 마디
내뱉지 않는
내 어머니의 마음이여

진국

무청 시래기 된장국
한술 뜨다가
나는 그만한 삶을
살고나 있는지 생각 한다
무청 시래기 된장국은
사람 몸에 그리 좋다는데
나는 누구에게
그리 좋은 사람인 적 있었는지

새벽

새벽은
슬며시 창문을 넘보는 염탐꾼
젖무덤 비집는 부부의 침실을
부스스 눈 비비는 공부방을
치우지 못한 부엌의 식탁을 훑어보고는
빛으로
꿈을 자르고
활자를 모으고
빈 그릇 가득 고이게도 한다
오늘의
당당한 눈빛
힘찬 첫 발자국

아침을 열며

낮빛 고운 하루가 꾸벅 인사를 건네면
배시시 미소로 화답하는 아침
산적한 일거리 눈에 밟히고
애타게 기다리던 소식 잠잠하면
홀로 걷던 모슬포 바닷길을 떠올린다
예정되지 않은 여정
무한한 포만감에 젖어 늦도록
항구를 오가는 사람들을 읽느라
파도에 실린 마음 건져 올리지 못했던
기억을 아침상에 올린다

어제의 기록 속에 남겨진 사람들의
안부를 되뇌는 나의 독백에 귀를 세운
창문 밖 유월의 초록들
노인정 옆 목련 나무의 눈빛이 가장 또렷하다
한소끔 비가 내리면 더욱 생기로울 아침
밥상 앞에 앉아 한 술도 뜨기 전
이미 배가 부르다

사랑하는 사람 그리기

사랑하는 사람을
그리는 것은
참으로 쉽다
동그라미 하나면
충분하다

그대 시가 되어 보았는가

살아가면서 만나는 수많은 인연 중에
시가 되는 사람이 있다
하늘과 숲과
강과 바다와
공중을 나는 새와 향기 나는
꽃이 되는 사람이 있다

그 사람의 눈빛 하나
손짓 하나가 다 시가 되고
노래가 되는 참으로
아름다운 인연인 사람이 있다
인생에 향기를 주는 사람이 있다

단 한 편의 시가 되어
머무는 사람도 있지만
마르지 않는 샘물처럼
퍼낼수록 더 맑게 흐르는
시가 되는 사람이 있다

괜찮다

괜찮다
괜찮다 다 괜찮다
네가 오늘 아침 버럭 화를 냈던 것
가을이 떠나면서 헛기침했던 거야

조급한 마음에
목젖까지 타오르다
게워내지 못할 울분이
뒤통수를 칠 때

괜찮다
괜찮아 다 괜찮다고
조용히 가슴을 쓸어내리렴

어제 내린 비

어제 비가 내렸다
여름을 빻아 잘게 부수지는 못했어도
오늘은 어제보다 물렁물렁한 하루

만삭의 햇살이 출산의 포문을 여는
진통의 시간
그 휘몰아치는 소용돌이 속에서
같은 유전자를 가진 두 남자가
입씨름을 한다

시대의 아픔을 논하는 것도 아니고
청춘의 진로를 논하는 것도 아니고
서로 아끼고 사랑하며 살자고
격론을 벌일 리는 만무고

남자들 참,
각자의 솜씨를 내세우며
라면을 서로 끓이겠다고

맞댄 등이 날카롭다
어제보다 여린 여름 그래도 뜨거운 한낮
라면이 보글보글 끓고 있다

황망한 일도 다 있지

내가 미친 게지
미치지 않고서야

어제는 인사동엘 갔는데
남의 것이 탐나더란 말이다

이날 평생 욕심 없이 샘도 없이
바보처럼 산다고 살아왔는데

돈 주고 살 수 있는 물건이면
집을 담보로라도 냉큼 샀겠지

욕심의 둔덕 마루 깎아내리느라
어젯밤엔 한숨도 못 잤단 말이다

내가 미친 게지
미치지 않고서야

해끔한 낯빛에 넋을 잃었겠느냐고

말의 무게

예쁘게 사랑하자는 말
오래도록 변치 말자는 말
쭉 한 곳만 바라보자는 말
그리고
지금껏 그렇게 살아올 수 있어
고맙다는 말
그 모든 말을 지킬 수 있었던 것은
네 덕분이라는 말

시간이 흐를수록 더 굳건해지는
그 말들의 무게로
한겨울 한파에도 흔들림 없이
든든하기만 하다

슬픈 모나리자

백 번을 속고
백 번을 절망했다가도
다시
사랑 앞에 주저앉고 마는
여인이여

예측할 수 없는 운명의
반복된 과오로
빛을 잃어도
사랑이라야만 공허를
메꿀 수 있다는 여인이여

그렇게 육십 년을 살고도
떠나보낸 사랑이 그리워
꿈에라도 옆자리에
눕기를 바라는 여인이여
그대는 슬픈 모나리자

개나리 언덕

밤새 그리움에 뒤척이다
헐렁해진 마음 안에
웅크리고 앉아 있는 첫사랑의
전설은 수없는 밤을 뒤척여도
다 털어낼 수가 없다

더 빛나고 구름에 가려 흐릿하고
때론 보이지 않아도
잠들지 않는 별들의 영원함

닿을 수 없는 신기루가
잠을 몰아내면
찾아드는 고향 언덕의 추억

지천으로 피어 하늘거리는
개나리 언덕에 아직 몽우리로
떨고 있는 풋사랑의 입맞춤

2부
그대 잠 든 후에

영원히 벗어날 수 없는
그대의 사슬에 얽혀도
나는 나의 무릎에 그대를
뉘어 곤히 잠들게 하겠습니다

곁쇠

기상청은
바람의 방향까지 알아내는데

아무리 헤아려도 알 수 없는 너의 마음
만능이 아닌 곁쇠라도 하나 있었으면

영문도 모른 채
널 떠나보내지 않았을 것을

*곁쇠 : 원래 열쇠가 아니면서 자물쇠를 여는데 쓰이는 열쇠

한강 다리를 건너며

둥근 우주 안에 살면서도
나의 마음엔
왜 이다지도 모가 많을까
포근한 봄볕에도
나의 마음은 싸늘하고
세상사에 아무리 둥굴려도
마모되지 않는 모서리들
저 강물에 씻기면
우주가 될 수 있을까
세월이 가는 길
무심코 따라가다
어느 한날
생의 보붉이에 수저앉아
목 놓아 울어도 좋을
둥글디둥근 마음 하나 만나
봄날 꽃길처럼 환하게 웃고 싶다

불면의 난알

퉤퉤 뱉으면 사멸하고
칵칵 토해내야
살아나는 시어들
얼굴도 모르는 시인을
좋아하다가
깊은 밤
짝사랑의 열병으로
온갖 미사여구 꾸며
남몰래 편지 쓰듯
숨소리 죽이면
손놀림 거칠어도
몽똑해지는 연필심은
술술 고운 시어 그려 낸다

강변 연가

만 리 밖 그대 눈동자
촉촉이 젖어드는 아침
가을비 찬바람 속
뜨겁게 달구어진 사랑의 밀어

길은 잃어도
고운 그대의 웃음소리는
뚜렷한 박자로
창가에 흐르는 아름다운 선율

기다리는 마음은
오후의 강가를 서성이는 갈바람
고독을 나누는 외딴길
수줍은 눈빛은 평화의 노래

삭발

배냇머리를 밀 때는 떼를 쓰며
울어도 웃어주었다
그러나
거울 앞에 앉아
생의 두 번째 의식을 치르는 모습은
삼가며 경의를 표하게 된다

익숙한 모습을 버리고 새로운 각오로
뚜렷한 결심을 할 때도
때론 머리를 깎지만
생생한 젊은 한 때에 의지 없어도
통과해야 하는 생의 한 축
그 경건한 삶을 위한 삭발

지나온 삶이
전쟁이었거나 투쟁이었거나
거룩하였거나 영광스러웠거나
생생한 남자들은 경건하고도
성스러운 조직에 초대된다

생생한 남자들의 손에 들린
초대장은 흔들리거나 찢기지 못하는
엄숙한 것이다
이 냉엄한 세상에서 용납될 일이 아니다

남자면 누구나 다 가는 곳이라고
등 떠밀기엔
너무도 추운 겨울이다

떨어지고 떠나고

귀한 손님 맞듯
눈이 반갑다
아무도 내딛지 않아
하얀 저 들판을
술 취한 듯
걸어봐야겠다
눈물 한 방울 뚝
떨어지다 구슬이 되어도
좋겠다

엉큼 상큼

이상형이다
이상형이야
눈에 확 띄는 남자
가슴이 콩닥콩닥
살짝 건드려보고 싶은 남자
볼따구니 한번 꼬집고 싶다

아,
어젯밤 꿈에서처럼
나도 와락 안아 볼까나
무심한 전철은 속도를 재촉하고
꾸다가 만 꿈처럼 저 남자
전동차 문을 휑하니 빠져 나간다

마취 당한 내면에게

나라고 내 속을 다 알진 못한다
내 몸과 마음에 수시로 드나들 수 있는
문이 있다면 자주 들여다보고
닦고 가꾸고 잘 살피고 단속을 잘했겠지만
내 안에서 일어나는 일들은
늘 눈을 멀게 하여 분간하지 못하게 한다

차디찬 침상에 모로 누워
팔에는 주삿바늘을 꽂고
입에는 튜브를 물고 가물가물
정신을 잃어가는 짓
문 없는 그 벽이 야속하다

내가 나조차 까마득한데
너를 안다고 말한다면
그것은 오만이다
다만 너의 말 한마디가
나를 웃게 한다는 것
그것만은 안다

햇살은 지휘 중

새들은 알레그로 알레그로
새싹들은 모데라토 모데라토
빗방울은 스타카토 스타카트
우리들의 사랑은 안단테 안단테

깔깔깔 초록의 음표들이
언덕을 넘고 강을 건너
산모퉁이를 돌아
빨갛고 노란 봄을 피워낸다

꽃샘은

길가다

아무런 이유도 없이

취객에게 멱살 잡혀

와이셔츠 단추 주르륵 뜯겨도

두 눈만 끔뻑거리며 치러야 하는

홍역이다

그러니까

사랑은 때론 외로운 거야
많이 아플 때도 있지만
아프단 말 못 하잖아
그러니까
사랑을 하려거든
외로움을 견딜 줄 알아야 해

사랑은 때론 슬프기도 해
가슴이 무너지는 슬픔도
혼자 견뎌야 할 때 있잖아
그러니까
사랑을 하면 마음이 단단해지는 거야

그대 잠 든 후에

나는 지금 곱게 잠 든 그대를
지그시 내려다보고 있습니다
어머니의 무릎을 베고
쌔근쌔근 잠 든 아이의
편안한 얼굴을 보고 있습니다
모든 사람들이 어머니의
무릎을 기억하고 있는 것은 아닐 것이지만
그댄 유독 어머니를 그리워하기에
어느 순간 내 무릎을
내어주고 말았습니다
영원히 벗어날 수 없는
그대의 사슬에 얽혀도
나는 나의 무릎에 그대를
뉘어 곤히 잠들게 하겠습니다
그대를 꼭 안고
나의 심장의 박동을 느끼게 하겠습니다
뜨거운 커피가 싸늘히 식어가고
흐르던 음악이 수없이 바뀌고
나의 왼 발이 저려도

그대 스스로 눈 뜨기 전까진
깨우지 않겠습니다

갱년기

사각의 틀 안에 갇힌
내 안의 짐스런 시간들이
무거운 추를 달고 흔들리는데도
그 짐의 소재를 찾지 못한다

딱장

사람을 그렇게 홀려 놓고도
시치미 뗄 수 있으면 어디 한 번
두 다리 쭉 뻗고 주무셔 보셔요

진달래 개나리
흐드러질 때까지
속내를 알아내고 말 테니

물 건너 산 너머
새소리 걸머쥔 어깨 위에
한 마디쯤 쓰게 될 거예요

*딱장: 닦달해서 강제로 고백을 받아 내어 쓰게 하는 각서

세수

아침에
얼굴을 씻는 일
그것은
오늘 맞대할 사람들과
나와 하늘과 땅 그리고
흔들리는 모든 것들에
대한 예의이다

저녁에
얼굴을 씻는 일
그것은
종일 맞대한 사람들에게
부렸던 덕지덕지한
억지를 떼어내기 위함이다

아침과 저녁엔
꼭 얼굴을 씻을 일이다
마음까지 닦을 일이다

틈

또 한 번 벼랑 무너지는 소리
온 천지가 진동 하는구나

여름은 뒤곁에서
눈물 훔치고
허물어질 듯 허물어질 듯
내 영혼은 휘청대는데

사랑하는 사람아
바람 분다고
마음까지 흔들리는 것 아니니
고운 햇살로 다가와
무너진 틈 메워 수려마

맥주

거품이 인다
쏟아낼 것 하나 없는 빈 가슴에서도
콸콸 눈물이 쏟아진다

반잔은 거품으로 채우는 친구와
빈 가슴 거품으로 채우려는
너의 조합은 딱 들어맞는
나사못처럼 조여들고 있다

선술집 백열등 그늘에서
술을 마시는 사람들의 얼굴엔
수많은 표정이 서로 다른 빛깔의
그늘 속에 잠겨 있다

덜어내고 채우고 채우고 덜어내고
이것을 내일은 추억이라 적으며
포만의 유희에 빠져도 괜찮다
돌아서서 낯 뜨거워
거품으로 사그라지지 않는다면

벚꽃 연정(戀情)

봄날의 세레나데

가로등 불빛에

해끗해끗

벚꽃 터지는 소리

활활 타는 가슴

열일곱 첫사랑

순정만큼만 부풀어라

열차간에서

영혼을 두고 몸만 떠나거나
몸을 두고 영혼만 떠나거나
열차 안은 미련의 꼬리를 떼지 못한 사람들의
흔들리는 눈동자로 어지럽다

'이 테이블에는 10kg 이상의 물건은 올려놓지 마십시오.'

나는 테이블에 나의 영혼을 올려놓으려다
구석구석 다 마르지 못한 의식의 겉자락만
살짝 걸쳐 놓았다

몸이 가면 마음도 따라간다지만
몸이 가도 마음이 머무는 곳이 따로 있어
굽어진 구간을 덜컹대는 열차보다
더 심하게 흔들린다

대전을 지나고 창원 마산까지
종점을 향해 쏜살같이 달리는

열차 안에서 자꾸만 뒷걸음치는
내 마음이 머무는 곳은 어디일까

어정쩡한 인생

잘 잤느냐고 물어도
어정쩡

잘 먹었느냐고 물어도
어정쩡

사랑하느냐고 물어도
어정쩡

행복하냐고 물어도
어정쩡

대부분 사람은
어정쩡하게
살다 가는 거야

짧은 이별 긴 그리움

사랑이었다고
그리움이었다고
진한 눈물로 엮인 한숨이고
주름살이었다고

빈자로 살아온 사람에겐
그렇게 정의를 내려도 좋을 한 생

애간장 태우며 출렁이던 날도
부끄러움에 오금이 저리던 날도

모두가 생의 향연이었던 것

이제 마음을 다 걸어도
들을 수 없는 목소리
아픈 밤이 깊어만 간다

내 어머니의 가을 길

살갗을 집어보니
얇디얇은 생선 껍질 같습니다

앙상한 뼈마디 그 손을 잡고
당신과 나란히 걷습니다
당신의 걸음마에 나의 보폭도
자꾸만 줄어듭니다

벌써 단풍든 잎새가 보입니다
당신이 볼까봐 이내 지나쳐버립니다
당신은 노을 지는 서녘 하늘처럼
불그스레한 얼굴로 옛날을 추억합니다
보름달 같은 얼굴과 섬섬옥수가
이제 거죽만 남았다고

이 가을의 문턱을 넘어 늦가을 겨울
새봄이 오고 가고 여름 보내고 다시
가을의 문턱을 넘어 당신과 이 길을 걷고 싶습니다

이 길이 끝나는 지점 늘 지나치던

순댓국집에 들러 보글보글 끓는
뽀얀 순댓국 한 그릇 시키겠습니다
불똥 같은 뚝배기에서 건더기를 건져
후후 식혀 당신 앞에 놓고 국물이
조금 식는 동안 나는 그저
당신을 바라보겠습니다

용산역 가는 길

거센 바람에 희끗한 머리카락
앞서가는 저 남잔
품은 게 많아
바람에 날아가지도 않을 걸
4차원에 고집불통 안하무인
그러고도 싱글벙글
친정어머니 상경
마중하러 가는 길

수국

참 어여쁘다
봉긋한 것이 아기 무덤 같아
애잔하기도 하지만
알록달록 어여쁘다

꽃말은 어찌 이리 모진지
집안에 모셔둬도
괜찮을지 모르겠다
어여쁜 저 꽃.

*꽃말 : 냉정, 무정, 거만, 바람둥이

김장

허리를 굽히고 한참을 버무렸다
얼굴만 붉히다가
바스락 소리도 못 내고 숨이 죽어가는
저것들
저것들 모두 목구멍으로 들어갈 것인데
살생의 두려움도 모른 채 숨을 죽였다
저것들처럼 죽어가면서 속을 채우고
아름다워지는 것이 또 있을까

보훈병원 호스피스 병동에서
파리해져 가는 아버지를 보며
나는 혀를 말아 올려 사랑한다는 말을
만들었지만 끝내 내뱉지는 못했다
이미 껍질만 남아 빈 봉지가 된 회백색 안면이
붉어지기를 얼마나 바랐던가
움푹 꺼진 두 볼에 인고를 제외한
사랑을 얼마나 채워 넣고 싶었던가

가닥을 들추며 속을 채워 넣을 수 있는

저것들처럼 깡마른 몸뚱이 얼마나 부풀리고 싶었던가

탄로

한 달에 한 번 날아드는
신용카드 명세서엔
술집 간판들로 즐비하다
공밥이나 공술은 왜 그리 소화가
안되는지 모르겠다고
속이 부글거려 견딜 수 없다고
가장 빨리 꺼낼 수 있는 곳에
신용카드를 넣고 다닌단다

흔들리는 행복 속으로
침잠하는 바람
당신은 손에 잡히지 않는
바람 같은 사람이다

찜

모처럼 만에
밤거릴 거니는데
자꾸만 움츠리는
속내를 헤집으며
바람이 살을 섞자네

나는 불면을 사랑한다

나는 나의 불면을 사랑 한다
불면을 즐기다 보면 예상치 못한 기억들이
멀리 또는 가까이 고무줄을 힘껏 당겼다가 놓듯이
자유자재로 시공을 초월하게 한다

아직 다가오지 않은 무한의 상상 속에서
미래의 삶에 대해 조바심을 내기도 하지만
졸리지 않은 것에 대해 조바심 내지는 않는다

나의 내면에 잠재된 긍정의 메시지들이
미소 짓게 하면 긍정을 불러준 나의 모든
인연들이 아리도록 고맙다

어느 봄날 은빛 햇살 가득 이고서
하얀 이 드러난 환한 얼굴로 유년의
꿈 다시 일깨워준 내 그리움의 초상들이
하나둘 흘러가기도 한다

밤중인지 새벽인지 알 수 없는 시간에도

불면의 씨앗들은 끊임없이 움이 트고
뜨거운 심장의 팔딱거림은 더욱 거세진다

불면이 아니었다면 나의 사랑도 없었을 터
잠 못 이뤄 새벽까지 지근거려도
나의 불면은 그 자체로 의미가 있다.

어느 가을날

목에 걸린 그대 이름
차마 부를 수 없어
들판에다 바다에다
허공중에다
속마음 풀어 놓습니다

쓸쓸하거나 외로워서
그대 이름 부르려는 것은 아닙니다

그대 이름 부르면
희미한 맥박이 되살아나던
하얀 얼굴의 그대와 마주할 수 있기
때문입니다

닿을 수 없는
그대 이름
목 놓아 불러보지만
적막을 깨는 탄식만 입가에 걸립니다

꽃

너는
그렇게
이 세상을
향기로 감싸는데
겹겹이 감싸는데

나는
너의 빛깔
너의 향기
너의 마음
아직
알지 못한다

달팽이 예찬 2

생명의 근원을 이끌고
싸묵싸묵

햇살 쏟아지는
그 길에선 잠시 쉬었다가

세상사 감지하는
빛나는 촉수

무엇이든 이고 지고
모든 걸 감내하며
쏟아내는

눈물의 의미는
분명 우주를 감싸고도
남을 것

안양천 코스모스

그대
가을에 오신다더니
유월 한낮 햇살에
볼을 적시는
까닭은 무엇인가요

찬밥 한 덩이

휑한 바람이 맴도는
빈 식탁 앞에 덩그러니 앉았다
찬밥 한 덩이 그냥 넘길 수가 없다
뜨거운 콩나물 국물에 수차례 토렴하여
꾸역꾸역 목 넘김을 해본다
깜빡이다 출렁대는 아득하기만 한
어머니의 주름진 얼굴을 떠올린다
온 가족이 둘러앉은 식사시간
밥상머리 한 귀퉁이 마련하지 못하고
제대로 된 찬도 올리지 못한
쟁반쯤을 밥상 대신하여
겨우 주린 배를 채우던 상실의 시대

국물에 토렴한 찬밥 한 덩이
얌전히 가라앉은 밥알들
영원히 열릴 것 같지 않은 식도가
한 방울의 국물도 거부하는
영혼의 학대를 기억하는 시간

딩동!
늙은 어머니가 보낸 택배가 벨을 누른다
고춧가루 참깨 참기름 마른고추 마늘
그리고 그 사이사이 끼어든
어머니의 진득한 땀 냄새가 말을 건다

아픈 데는 없냐
난 잘 있다.

머슴밥

평생 온갖 사슬에 메여
뚜렷한 고용 계약서 없이도
평생 머슴으로 살아가야 하는
남자의 삶

고봉밥은
머슴들이나 먹는 것이라며
죽어라 일하고 위를 가득 채우니
오래 살지 못한다고
늘 소식(小食)을 강조하셨던 아버지

남자로 태어나야 사람이고
남자 앞에 놓인 밥상은 색깔부터 다르고
남자는 많이 배워야 한다고
소 팔고 논밭 팔아 가르치던 시절
그 시절은 먼 옛날의 전설이 되어버렸고
고리타분하다 하여 이야깃거리도 안 되는 현실

오늘도 밥을 벌기 위해

새벽부터
달그락거리며
머슴밥을 퍼내는
남자의 뒷모습이 너무도 쓸쓸하여
이슬이 창가로 흐르나 보다

3부
내 인생의 가을날에

살아오는 동안
무심한 순간도 많았겠지만
이제는 추억을 양식으로 보태어
살아가야 할 나이

이 사람 부럽다

밥이 세상 전부인 사람
일찍부터 세상을 깨닫고
날마다 세상을 얻으니
얼마나 행복한 사람일까요

아침이든 저녁이든
푹푹 푸기 좋게 한 솥 가득
밥을 지어 놓으면 배시시
미소를 밥술 위에 포개는 사람

곡주는 술이 아니라고 우기며
막걸리 반병 꿀떡 넘기고는
발그레한 달덩이가 되어
둥실둥실 늦도록 떠다니는 사람

나이 먹어감에 따라 수다를 찬으로 곁들이며
사람은 사람의 체온을 느끼고
사람 소리를 들으며 살아야 한다고
쿵쾅대는 윗집 아이 칭찬하는 사람

10-1=0

내 삶의 전부인 너

내 삶에서
너 하나를 빼내면

나는
홀로 구르는 자동차 바퀴

가을밤의 향연

누가 밤이 까맣다 하였는가
나의 밤은 하얗고
내가 소유한 모래섬 또한 하얗다
파도 소리에 몸을 적신다
밤의 적막을 깬
열대어들의 왈츠가 눈부시다

암기하지도 않은 붉은 기억들이
폭포수처럼 흘러내린다
이미 죽어버린 기억의 실체가
하얀 밤 위에
그저 무늬만 댕그랗다

까맣든 하얗든
다시 일어서게 하려고
밤은 존재하는 것
나의 밤은 하얗고
내가 소유한 섬엔
파도 소리 그치지 않는다

누가 달팽이를 밟았는가

달팽이에게 뿔이 있다면
달팽이에게 가시가 있다면
달팽이에게 날개가 있다면

으스러지고
또 으스러지지는 않을 텐데

달팽이에게
저 무시무시한 권력이 있다면
죽었다가도 다시 살아날 텐데

참선

친정에서 여섯 날을 보내고
무뚝뚝한 집으로 돌아가는 길
시아바다를 가르는 뱃머리
갈매기들의 함성이 애처롭다
내가 입을 다물면 참선의 공간이 되고
내가 입을 열면 무수한 별들이
반짝거리며 소곤대는 변화무쌍한 공간

여섯 날은 묵언의 참선으로
부처가 다녀갔을 테고
공양을 마다한 중생은
집안 가득 바람을 채웠겠지
바다를 건너고 들녘을 가로지르는 사이
서서히 파동이 일어 입술을 달싹이는
별들이 뿌리내리고 있는 집으로 간다

*시아바다: 다도해와 목포 사이의 바다

여름나기

풀잎의 등뼈에 서식하는
무채색 그림자
7월이 스며든다

발기하지 못한 것들은
모로 눕고
꼿꼿한 것들만 빛발 아래 흔들린다

생의 갈피마다 튀는 불꽃
삼복더위에 이불을 끌어당기는
나는 언제쯤 발화할 수 있을까

별꽃 피는 마을

서울에서는 보이지 않던 별들이
총총히 박힌 까만 하늘 아래엔
마음 선량한 사람들의 마을이 있다
욕심 없어 대문도 없는 마을을
지키기 위해 저리도 총총히 박혀
반짝거리는 별들

팔순의 아가씨들이 이집 저집 돌아가면서
마늘씨를 까느라 왁자한 한낮의 풍경을
숨은 별들이 목격하고 밤이면 쏟아져 나와
조잘조잘 입을 맞춘다

늦도록 장가 못 든 총각 이야기
손끝 여문 베트남댁 집 나간 이야기
서로 이장을 하겠다고 등을 맞댔다는
이야기도 다 꽃으로 피어난다

주름살

질서 없이 수놓은
나이테

곧거나 구불구불하거나
잘 견뎌온 당신
고맙다

시계

칠흑 밤중에도 바득바득 기어올랐다가 미끄러진다
아슴아슴 희끄무레한 세월을 수없이 잡아 삼키고도
눈꺼풀 하나 끔쩍하지 않는다
하마의 입보다 크고 사자의 이빨보다 무섭다
한밤의 통로를 지나 창문을 뚫고 빛이 어둠을
짓눌러도 현재를 무참히 갉아버린다
엎어놓고 덮어놓고 깨부숴도 멈추지 않는다
사납게 울부짖는 겨울밤의 흔들림보다
더 무서운 초침의 째깍대는 소리
침대 밑 뿌옇게 쌓인 먼지만큼 손 타지 않은 시간은
덜 잠긴 나사못 조이듯 바득바득 죄어든다
한겨울 한파에 세상이 꽁꽁 얼어 삶이 정지되어도
얼지도 멈추지도 않는 끈질긴 시간의 여로
삶이 아득할 땐
시간도 얼거나 주춤대거나 멈추기도 한다면

초침소리는 한밤의 신경을 곧추세운다

꽃놀이

자꾸만 뜨거워지는 지구의
한 점인 나

열나서 좋을 것 없지만
사랑의 열병이라면
폭발하여도 좋으리

갈라진 손톱

넉넉하지 못한 삶
살다가 얼마나 부대꼈으면
인생의 마디마디 주름이
저토록 깊을까

긁어 파도 나올 것 없는 살림살이
고달픈 한숨으로 세간을 채우며
석양에 물든 낯빛으로
그 아픔 삭이려고 무던히도
견뎌야 했을 인고의 시간

그 흔적 고스란히 온몸에 남아
불에 덴 상흔처럼 뚜렷한
굴곡진 생의 언덕
마른 꽃대로
활활 타버릴 것만 같은 어머니

소슬바람

속닥속닥

대비하란 언질도 없이

벌써

나를 휘적시네

아버지의 손길

비가 억수로 쏟아진다

한밤중

빗소리에 깨어

창문을 닫다보니

비 오면 마루에 비 들칠까봐

칠흑 속에서 온몸으로

철철 그 비 다 맞으며

홀로 두대 치던 아버지 생각이 난다

아버진 한겨울에도

새벽에 홀로 일어나

식어버린 온돌방에 온기를 불어넣기 위해

군불을 때기도 하셨다

비도 눈도 다 막아주셨던

아버지의 손길이 유난히 그리운 날이다

*두대: 비 올 때 가옥의 마루나 벽에 비 들이치지 않게 두루는 거적을 일컫는 전남 신안지역 방언.

내 인생의 가을날에

머리만 검다고 젊은이겠소만
성성한 백발을 숨기고 싶은 마음
어쩔 수 없으니
오늘 또
당신에게 머리를 맡기고
염색약 냄새를 맡고 있노라니
시월이면 중간고사 끝내고
목발 짚고 나타났던
당신 만난 지 삼십일 년
친구로 시작해서 친구처럼 살아온 세월
시위 떠난 화살촉 같기만 하구려
서로의 백발을 염려하며
고약한 냄새 마다치 않고 숨기려들 줄
어찌 알았겠소

살아오는 동안
무심한 순간도 많았겠지만
이제는 추억을 양식으로 보태어
살아가야 할 나이

마당가에 봉숭아 심어 손자 손녀들
손톱에 물들여주고
먼저 떠난 사람
무덤가에 앉아 혼잣말 되뇌며
성긴 풀 뽑을 그 날까지
지금처럼 나란히 걸어갑시다
백발성성한 모습 그대로

만남

만남 1

전철을 타고 가는 길
그대 보고 싶다는
시 한 편 쓰려다가
유치하다는 생각이 들어
접는다

만남 2

여기는 서울역
그대와의 거리가 가까워질수록
심장의 박동이 불규칙해진다
4호선
사람들의 무표정이
편하다

만남 3

충무로역 도착
늘 다니던 곳인데
잠시 헤맨다

여긴가 저긴가

만남 후
잔잔한 감동
긴 여운

응급실

예견하지 못한 풍랑이
거대한 범선을 삼켜버린 새벽
초조하게 구조선을 기다린다

황급히 달려온 구조선이 건져 올린
거대한 범선에 내린 진단은
범선의 하중

누르고 두들기고 헤집고
거대한 범선에 내린 처방은
"체중 조절하십시오."

선인장의 말

나팔꽃이 내게로 왔다
어디서 왔는지 누가 보냈는지
분별없는 질문이
유년의 가지를 흔들며
귀청 들썩이게 하는 나팔꽃
뜨거운 햇살이 낯을 비비는
격렬한 세상을 피하여
작고 초라한 나의 움막에
날아든 꽃나비

험한 세상에 치받혀 멍든 가슴
나의 곁이 너의 곁
움츠리지 말고
단단히 뿌리 내리거라

사랑 아니면 그리움

가을바람은 파랗다
너의 가을이 그렇듯
사십이든
오십이든
별이 총총한 가슴엔
파란 바람이 드나든다

가슴에 한 송이
꽃을 피우는
너는 푸른 잎으로 서서
핏빛 노을에 물들다
허물어진 날들을 일으켜 세우는
사랑 아니면 그리움

나는 누굴 기다리는가

가을날의 만찬

하늘이 높아만 갑니다
하늘을 다 담을 만큼
사람의 마음도 넓어집니다

평생 밥상만 받던 사내가
처자를 위해 고깃덩이를
사 들고 들어옵니다

누런 땀을 씻어내고서
무딘 칼날을 갈아
도마에 올려진 고깃덩이에
칼질까지 합니다

술자리보다 부풀어 오른 저녁
소곤소곤 말맛이 그만입니다
이역만리에서 찾아온
풍성한 가을입니다

가뭄

배 허벅지 장딴지
가릴 곳 없이
만삭 산모의
생살이 튼다

쩍쩍 벌어진 시름 속으로
어머니의 한숨이
빨려 들어간다

산책

가을 햇살이 따사롭습니다
햇살을 등지고
집으로 향하려는데
햇살이
더 놀다 가라
자꾸 소맷자락
붙잡습니다

구간단속

전속력으로 달리고 싶다
자유로

절대 감속하고 싶지 않다
그대에게 향하는 마음

뚱딴지

가끔은 그렇게 살아도 괜찮다
완고하거나
우둔하거나
무뚝뚝하거나

어떻게 항상
유순하거나
똑똑하거나
부드러울 수만 있겠느냐

바람 잘 날 없는 세상에

오래된 습관

추운가
왜 그렇게 구부리고 자는가

반쯤 깬 새벽잠

남편은
새벽 운동 나가면서
세 겹까지 이불을 덮어준다

일어나려 했다가
자는 척 가만히
이불의 무게를 느낀다

일어나기 전 새벽에
몸을 구부리는 것은
하루를 시작하기 위한
발돋움인 것을

속아 주는 것

조간신문을 읽던 남편이
이게 어디 사람 사는 세상이냐
속이고 속는 세상 신물이 난다며
역정을 냈다

나는
가족신문이 있다면
당신도 날마다 일면에
오를 거라고 했다

오목교 아래서

불러들일 추억 하나 뚜렷이
떠오르지 않을 때가 있다
눈에 보이지 않은 것은
느끼지 못 할 때가 있다

한참을 걷다가 오목교 아래
긴 의자를 차지하고 앉으면
혼자라도 할 말이 쏟아져
더 이상 발길을 재촉하지 못한다

여름 한 철 노숙하는 아저씨도
노익장을 과시하는 어르신들의
게이트볼 딱딱거리는 소리도
오목교 아래선 음률로 흐른다

내내 내안의 그대와 조잘거리느라
뜨거운 여름 날 오목교가
햇살에 익어가는 줄도 모르고
추억을 깁고 또 깁는다

분위기

바쁜 아이들은 집을 비우고
부부가 마주 앉아 저녁 땟거리를
걱정하다가

크나큰 양푼에 보리밥과
나물을 듬뿍 넣고 비벼
부지런히 떠먹다 보니
신혼 시절에도
지금도 비비고 살고 있어라

그저 자기 입에 떠 넣기 바쁘지만
고소함은 여전하여라

아버지

묵은 사투리가
귓전에서 윙윙거린다
기억의 초점에서 분사되는 서정
시간이 지날수록 더욱 또렷하다

다시 채울 수 없는 빈자리
그 공허함을 어쩌지 못해
메아리 없는 함성인 줄 알면서도
인사를 하고 질문을 한다

잘 계시지요?
술 한 잔
커피 한잔
아버지 생전으로 돌아간 가을 한낮
취한 듯 땡볕이 불호령이다

남산에서 가을과 충돌하다

구름이 흐르다 도로에 내려앉는다
색채를 버무린 웃음들이 바스락거린다
하얀 이를 드러낸 바람의 포로인
단아한 가을의 아가미에선
붉은 선혈이 뚝뚝
씻길 수 없는 그 피의 행진이
늙은 오후의 아킬레스건을 자극한다
해독할 수 없는 언어들이
바람 앞에서 충돌한다
어느 나라 사람이건 무슨 상관이냐고
도로에 내려앉은 구름을
걷어내지 못한 한기가
바르르 떤다
누군가 가을의 심장에 비수를 꽂는다.

낙엽의 뼈

저것은 무덤이다
한 계절을 벗어버린 나무들이
털어낸 걸치레가 묻힌 봉분이다
찬비가 몰아친 후
이미 젖어버린 낙엽들이
제 뼈 묻을 곳을 찾느라
무거운 몸을 뒤척이다 누운 곳
그것은 젖무덤을 더듬는
어린아이의 칭얼거림이 아니다
세상을 떠나면서
조용히 눈을 감는다는 것은
바람도 못 할 일이다
제 뼈를 땅에 묻는 건 짐승만의 일이 아니라
바스락거리며 스러지는 잎새들도
한 시절 붉게 타다
낙엽 되어 포근히 제 뼈를 땅에 묻는다
무참하게 짓밟히던 자아가 소멸하는 순간
소리 없는 함성은 그 크기를 더해 간다
스스로 묻히고자 젖은 몸을 뒤척이다

골절된 낙엽의 뼈가 함몰을 메우는
스타카토의 계절
그것은 부서지기 위해 왔던 것이다

갯물에 절다

인생, 그것
짭짤하여야 한다고
특히나 딸은
짜게 키워야 한다고
아들만 우대하던
시절 원망 많았는데
딸이 우대받는
시대에 아들만 둘인
나는
인생, 그것
짭짤하여야 한다고
아들 둘 짜게 키웠더니
인생, 이것
짜도 너무 짜다

추위

세월의 바람은 세모꼴이다
세모진 바람은
꼭짓점으로 다가온다

마음을 둥글리면
꼭짓점이 무디어
동그라미 꼴이 된다

둥글둥글 둥글려야
굴러가는 인생길
세월의 바람을
이겨낼 수 있는 건
둥근 마음뿐이다

낙첨 로또복권

일요일 새벽이면 어김없이
헛헛한 바람이 온 집안의 모서리를
마모시키며 굴러다닌다
구르다 만 케토그린 파스와 안티푸라민의
아름다운 조화
등짐을 진 듯 쑤시는 어깨에
직사각형의 굴레를 씌우고 드러누우면
허공을 떠다니는 숫자들
삶은 녹록하지 않고 대박은 언제나
두툼한 철제 현관문 밖 남의 일이다
간절할수록 더 멀어지는 고요
낙첨 로또복권을 구겨 쓰레기통에 넣으며
내 몸은 둥싯둥싯 아침 해를 맞는다

난장판

한밤중
자다 깨니
머리맡에
정돈되지 못한
내 시문의 잔해들로 가득하다
그것은 헤어 나올 수 없는 소용돌이
극심한 현기증

어둠이 잉태한 것이
어디 새벽뿐이겠는가
거대한 어둠의 품에서
한 점 티끌로 남더라도
가장 빛나는 별이 되고자 하는
열망은 저 잔해들 속에
잔뜩 웅크리고 있음이 분명하다

가시바람

쓰린 상처를 안고도
울지 못하는 사랑아
어서 여름을 삼키고
가을을 토해 내거라

푸른 잎새 떨어지는
바람 길에서
너에게 보내는
나의 독백을 들어 보려느냐

누군가의 꽃이 된다는 것은
행복한 일이지
꽃이 봄에만 피는 것 아니거늘
바람 길은 가시밭길

너의 마음에 어둠이 내려앉으면
나는 일출을 붙잡고
굳게 닫힌 마음의 창문 열어
너의 등 뒤에 서리라

신발을 읽는다

현관엔
푹 젖어 그 무게를 잴 수 없는 사연이
즐비하다
제 짝이 아닌 신발이 뒤집혀 포개져
속내를 드러내지 못하는
주인의 마음을 대신한다

사랑한다는 말
미안하다는 말
고맙다는 말
뒤집혀 포개진
닳고 찢긴 신발 한 짝에 다 씌어 있다

나란하지 못한 신발
순탄하지 못한 삶의 역정
현관엔 첩첩한 사연들
한 사람의 인생행로를
따라가다 보면 사람의 일
보듬어 안지 못할 일 있겠는가.

늦가을

가을의 차디찬 골격을 만지며
길을 나선다

목마른 잎들이 낙하하는
거리는 바람이 쓸고 간 듯 휑하다

가슴 따뜻한 사람들이 부르는
노랫소리가 나날이 광장을 메우고
가을은 저물어간다

흉흉한 이야기엔 귀를 씻고
차디찬 바람엔 귀를 감싼다

단풍잎 하나 발등에 툭 떨어진다
나의 볼도 빨갛게 물든다

너를 보내려니

단풍 들고
바람 불고
낙엽 지고

나의
찻잔엔 또르르
눈물 한 방울 톡 떨어진다

전입신고

나는 메타세쿼이아 나무다
온종일 우두커니 서 있는 것은
너를 기다리기 위함이다
오가는 사람들에게 우뚝 솟을
용기를 불어넣어 주느라
오금이 저려도 날마다 까치발로 너를 기다리는
즐거움으로 별을 뿌리는 일을 멈추지 않는다
낮엔 이글거리는 태양보다 더 뜨거운
마음으로 널 기다리고
밤엔 너를 밝히려 내려온 별들과
도란도란 너를 기다린다

내가 사랑할 사람은
오직 너 하나
너를 생각하면 사지육신에 웃음이 열리고
먹구름 자욱하던 하늘에 하얀 구름 꽃이 핀다
나는 메타세쿼이아 나무다

그래서 나의 거처는

어느 아파트 몇 동 몇 호가 아니라
낮엔 태양이 이글거리고
매일 밤 별들이 내려와 속살거리는
어느 도로변 한적한 곳, 그 곳에 마음을 풀었다
태양이 사라진 세상이라 할지라도
너만 있으면 따뜻하고
별과 달이 없어도 너만 있으면 환하다
이 세상 내가 사랑할 사람은 너 하나뿐
나는 너 한 사람 밖에 사랑할 줄 모른다

여백

-눈

모형의 깃발들로 빽빽한 공중에
새들이 날개를 펼치지 못하고
바람마저 틈을 비집지 못하여
두 눈을 비비는
무형의 찰나

먼 이국의 향수를 찾아 떠나려는
추락의 날갯짓
훔칠 수 없는 눈물을 쏟아내는
엄동의 깃발들

시간이 지나도 너의 모습은 한결같은데
나는 네가 구사하는 언어는 모른다
다만
너를 듣고자 하는 마음이
휘날리는 깃발의 의미를 되새기게 하는 것이다

바위

떠나는 가을이
부산떠는 소리
쌩쌩 찬바람에도
꼼짝 않는

너의 마음속을
맘껏
뒹굴어보고 싶다

오늘 날씨 맑음

전국이 맑은 날씨
오늘의 낮빛이 화사하다
통곡하여야 마땅할 사연을
가슴 깊숙이 꾸겨 넣었을지라도
환하게 웃어주는 오늘이
마냥 고맙다

부르튼 맨발로 온종일 배회하다가
어둠이 들어찬 공원 벤치
흔들리는 가로등 불빛 아래서
토마토 몇 알로 주린 하룰 메우던
그녀가 내민 빨간 토마토 한 알
그녀의 손마디가 아직도 아리다
낮과 밤의 기온 차 때문에
겉옷 하나 챙겨야겠다

하얀 소망

어쩌자고
첫눈이
저렇게 심하게
요동치며 내리는 것일까
바람의 몸부림이
창문 흔들고
정착할 곳 찾지 못한
눈꽃들이
흔적을 지우는
겨울 한 날
눈 내리는 날에도
소망의 촛불은 꺼지지 않는다

시시(詩詩)해서 읽히는 시(詩)

써놓고 보면 늘 시가 시시해
내놓기 부끄럽다는 어느 시인의 시를 읽고 있다

그는 어느 동리 수없는 계단을 오르내리며
땀을 폭우처럼 쏟아낸다고 했지만
그가 쏟아내야 할 여름의 꼬리는 길기만 하다

어느 언덕배기에서 긴 호흡을 가다듬으며
자꾸만 숨어들어 가는 시어를 끄집어내느라
움푹한 볼우물에 또 땀이 고이겠지만
땀 흘리는 아름다움은
따로 그리지 않아도 한 폭의 수채화 그대로다

그가 스스로 시시하다는 그의 시에서
나는 때 묻은 하루를 씻고는 한다
그의 시에는 일상에서 잊고 사는 향수와
동심의 추억이 쪼르륵 굴러 나온다

살아가면서 힘들기도 아프기도 했으련만

그가 토해낸 시어들은 언제나 희망에 부풀어 배시시
미소 짓게 한다
젖은 갈대도 홀로 웃고 배고픈 새들도 울음 대신 힘
찬 노래를 한다

그는 거친 항로를 유연하게 항해할
시어들을 승선시키고 철없는 별들까지
제자리에서 반짝이게 하는 든든한 선장이다

본래
삶은 시시한 것
시도 시시한 것
사람들은 시시한 것을 좋아한다

달팽이를 통해 삶을 배웁니다

새벽길을 걷다가
부스러진 달팽이 한 마리를 발견하고는
목까지 차오르는 서글픔에
한동안 발걸음을 옮기지 못합니다

숲을 헤치고 나와
산책로를 당당하게 기어가던
그 모습 눈에 선해
다시 숲으로 돌려보내 주지 못했던 순간이
못내 아쉬울 뿐입니다

누군들 알고도 일부러
밟지는 않았겠지만
촉수를 앞세워 부지런히 기어가던
그 모습 지워지지 않습니다

살아가면서
누군가의 아픔을 아랑곳하지 않고
상처를 덧나게 하지는 않았는지

비수가 되는 날카로운 말들을
아무 생각 없이 내뱉지는 않았는지

한 번 더 웃어주고
먼저 손 내미는 삶을 살고자
마음을 다잡기는 했는지
아직 찬란한 햇살이 내비치기 전
잔잔한 바람을 등지고 걷는
새벽길 고요함은
자신을 내려놓게 합니다

증류수

저것은 모형 없는 아우라
병에 담든가 그릇에 담든가
유형무형의 파노라마
때 묻지 않은 순수의 결정체
일찍이 죄를 안고 태어났지만
회오리 휘도는 세상에서도
털어낼 것 하는 없는
무결점 순수의 티 없이 맑은
증류수 같은 사람을 안다
거르고 걸러도
걸러낼 것 하나 없는 사람
순수가 퇴색된 어제와 오늘
티 없이 맑은 사람을 안다는 것은
크나큰 기쁨이다

마음으로는 지척인데

저 멀리 고향산천 하늘마저 아득하여라
떠나올 땐 외면하며 훌연히 돌아섰건만
홀로 계신 팔순 노모 땅 일구고 사시는 곳

꿈결같이 지나버린 청춘의 덧없음이여
쏟아지는 장대비에 씻기고 쓸려도
두고 온 옛 정은 더더욱 선명하고

서늘한 바람 서성이는 가을이 오면
이런저런 생각들이 제멋대로 뒤엉키고
설익은 달 목메어도 고향산천은 멀기만 하여라

내 마음의 텃밭 어머니

어머니
그 많은 세월 다 어쩌시고 이제는
찬바람에 바스락거리는 잎새가 되셨습니까
그 많은 한은 다 어떻게 삭이시고 그동안
늘 봄볕 같은 미소로 우리를 철들게 하셨습니까
비 온 뒤 자라난 잡초처럼 서러웠던 순간들
어떻게 견디셨습니까

쓰디쓴 삶을 견디시며 늘 우리들 앞날에
풍성한 열매를 수확하게 해주신 어머니
창문을 스치는 바람에도 쓰디쓴 회한 토해내시며
한 몸 아끼지 않으시고 등불이 되어주셨습니다
말라 쪼그라들고 작아지다가 깃털처럼
가벼워지신 어머니의 한 생이
자꾸만 흔들리고 있습니다

마음 한구석 늘 눈물로 채우시고도
옷고름 단정하시어 곱기만 하셨던 어머니
꺼져가는 어머니의 등불 앞에

아픈 데가 어디시냐고 성한 데가 있기는 하시냐고
물을 수도 없어 함박눈이라도 펑펑 내리면
나도 따라 소리 내어 펑펑 울어보고 싶습니다

일월 첫날

풍설(風雪)이 훑고 간 산자락에 철모르고
고개 내민 이름 모를 야생화
산그늘은 앞에 서 걷는 사람의 그림자를 삼킨다
늘어진 어깨를 추켜세우고
내딛는 발자국 따라 오후의 초침이 딸깍거리는
일월의 첫날
세상의 아버지들은 더 무거운 짐을 지거나
무거운 짐을 조금 덜어내거나
한 해의 출발선에서 주춤거린다

갈수록 사는 게 힘들어진다고
떠들지 않아도 가슴을 파고드는 외로움
휘청거리는 비탈길에서 홀로 비를 흠뻑 맞는다
그러나
질식할 것 같던 진실들이 하나둘
하얀 박꽃 같은 미소로 피어오르고
메마른 땅에서도 들풀들이 기지개를 켠다는
사실에 깊숙이 파고들었던 검은 그림자들
산자락으로 숨어든다

산길을 걷는 사람들의 가슴엔 훤한 대낮에도
별들이 반짝인다
한겨울 지게에 생솔을 포개던 나의 아버지나
눈물 흘리며 아궁이에 생솔로 군불을 지피던
나의 어머니나 일월의 첫날 어깨 추켜세우려
산길을 걷는 행렬이나 일 년 내내 꺼지지 않을
별을 달고 살아가고 싶은 마음은 침묵 속에서도
확연하여 한겨울에도 마음의 숲은 울창하다.

어머니의 휴대전화

아야
쩌 우겟집 머시기네 막내는 날마다
즈그 어매한테 전화 해야
날마다 전활 헌단께야
하루도 빠짐없이
날마다

나는 전화 올디도 웂고
홍지매 축 쳐져 볼쌍 사납기도 헌께
안 갖고 댕긴다
전화 올디도 웂써야
그라고 약 닳아진께 꺼놓제
무단디 켜놓는다냐
전화 올디도 웂는디

그 후,
쩌우겟집 머시기네 막내처럼
날마다 전화를 했다

야야
인자 전화기 갖고 댕길란다

전동차

그것의 내장은
질서가 없다
위 천공이나
장 파열이나
아무런 대책도 없이
입을 벌리면 그것의 내장들은
급히 들고 난다

주말 저녁
오늘은 날 선 내장들이
꿈틀댄다
입을 벌리기도 전

비상사태

고요가 흐르는
창가에 서면
꽃등을 단
햇살이 다가와
온몸을 더듬다가
얼굴 붉힌다

내 안의 허물들
몰아내야지
붉게 타는 열정도
삭혀야지

오십 술의 날개를 펴고
수평선 위
둥근 무지개로 떠야지

'나'를 탐색하는 시적 진실

김 송 배 시인. 한국문인협회 전 부이사장

현대시의 소재는 다양하다. 그 발상이나 주제의 투영은 그 시인이 삶의 궤적(軌跡)에서 재생하거나 현재의 미적 감응(感應) 등이 그 시인만의 언어로 분사(噴射)하는 절대적인 시적 메시지를 공감하게 되는 것이다.

김현희 시인은 우선 '시인의 말'에서 '우주 삼라만상을 / 내 안에 가두어 / 시의 소재로 삼을 수 있다는 것 / 그것은 하늘에서 뚝 떨어진 행운이다'라는 전제로 그가 창출하는 이미지나 주제가 '우주 삼라만상'에서부터 생성한다는 광범위의 시세계를 유추하게 된다.

그러나 이 시집에서 특이하게 흡인(吸引)할 수 있는 소재가 '나'라는 화자에서 탐색할 수 있겠는데 그가 지향하는 자아(自我)의 인식에서 성찰하거나 어떤 고뇌의 해법을 탐구하는 그의 시적 진실을 이해하게 된다.

더구나 그가 '시선이 머무는 곳에 숨겨져 있는 보석'을 건져 올려서 시로 형상화하거나 승화하는 시법은 바로 '나'와 외적인 사물이나 현실적 상황이 상호 소통하고 교감함으로써 획득한 자아와의 명민(明敏)한 정감을 정립시키고 있는 것이다.

김현희 시인은 이 시집 표제시가 되는 '어둠이 말 걸다'에서 '여보세요 // 왜 그렇게 일찍 일어나 / 장승처럼 서 있느냐고 // 어둑한 시간엔 / 마음을 뉘이고 / 편히 쉬어보라고 // 어둠이 계속 참견을 한다'는 현장의 시간이나 사물에서 그가 보편적으로 간직한 시적 원류가 잔잔하게 그의 의식에서 흐르고 있는 것이다.

그는 대체로 '나'를 중심으로 전개되는 시적 상황을 자연스럽게 인용하거나 투사(投射-*project*)하여 삶의 현상들과 내재된 관념의 이상성을 결합하는 시법이 명징(明澄)하게 현현하고 있어서 우리들의 공감을 확대하고 있다.

다시 그는 '나라고 내 속을 다 알지 못한다-'마취 당한 내면에게' 중에서'라거나 '나는 누구에게 / 그리 좋은 사람인 적 있었는지-'진국' 중에서', '나의 불면은 그 자체로 의미가 있다-'나는 나의 불면을 사랑한다' 중에서)', '나 아닌 누군가가 스스로 / 벽이 되어 나의 손을 잡아준다면 / 나는 웃음을 보이며 / 마음의 상자 활짝 열 것인데-'소통 2' 중에서', '너는 말잡이가 되어줘 / 너는 방파제가 되어줘 // 나는 촘촘한 그물이 되어 줄게-'너의 몽타주를 그리며' 중에서'라는 어조가 '나'와의 시적인 통로로 진실을 창조하고 있다.

김현희 시인은 언어의 조탁에도 깊은 관심과 이해를 가졌다. 우리말을 시적으로 응용해서 시화(詩化)하는 아주 바람직한 시법을 발견하게 되는데 '결쇠'나 '딱장' 등의 단어는 그렇게 흔하게 사용되는 말이 아닌 순수한 우리의 언어이다. 시는 언어의 예술답게 잊혀져가는 우리말을 자주 인용하는 것도 우리 시인들의 책무이기도하기 때문이다. 시집 발간을 축하한다.

김 현 희 제2시집
어둠이 말 걸다

2017년 11월 20일 초판 인쇄
2017년 11월 25일 초판 발행

지 은 이 ‖ 김 현 희
발 행 인 ‖ 정 병 국

펴 낸 곳 ‖ 도서출판 지식과사람들
등록번호 ‖ 제2-3436
주　　소 ‖ 서울 중구 충무로 2길 20(충무로4가 3층)
대표전화 ‖ 02-2277-7674
E-mail ‖ jisik@msn.com
ISBN ‖ 978-89-94571-35-5

값 10,000원